Abbé F. CHARPENTIER

Un Coin

de

Touraine

(Souvenirs de Voyage)

LA ROCHE-SUR-YON

IMPRIMERIE CENTRALE DE L'OUEST

58 à 6o, Rue de Saumur, 58 à 6o

1907

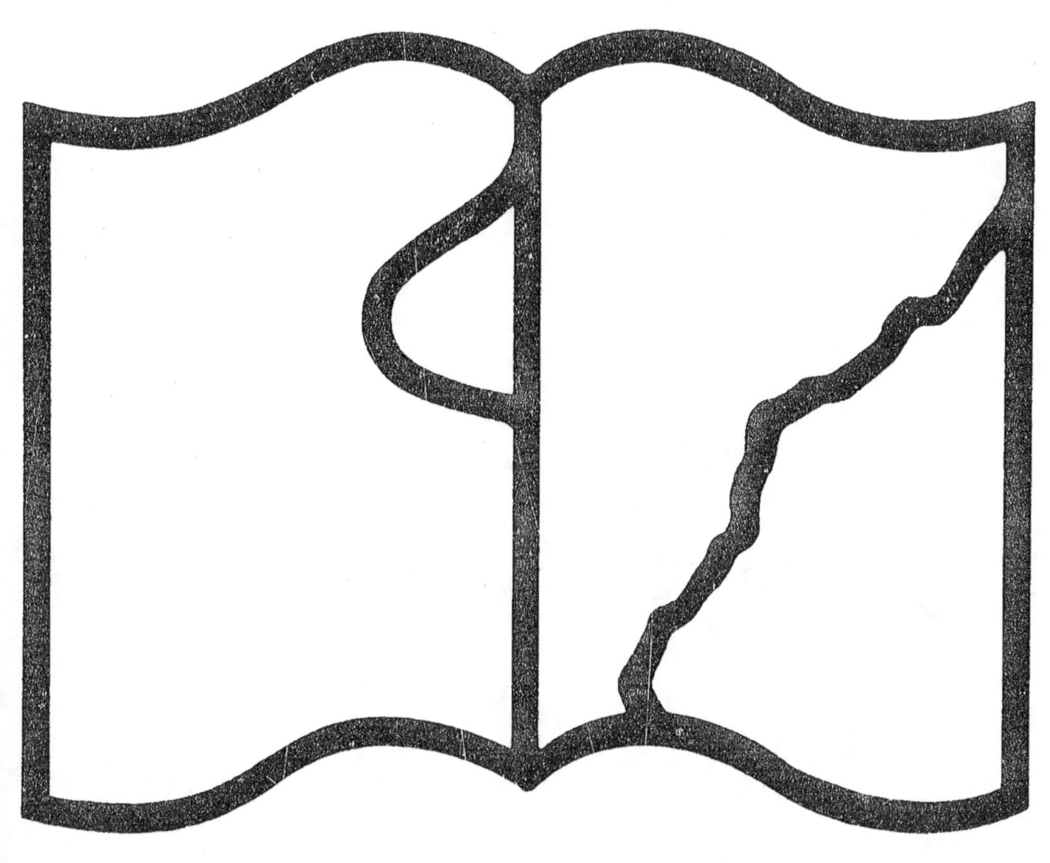

Texte détérioré — reliure défectueuse

NF Z 43-120-11

UN COIN DE TOURAINE

Abbé F. CHARPENTIER

Un Coin
de
Touraine

(Souvenirs de Voyage)

LA ROCHE-SUR-YON

IMPRIMERIE CENTRALE DE L'OUEST

58 à 60, Rue de Saumur, 58 à 60

1907

Un Coin de Touraine

I

Si le Français possède de sérieuses qualités, convenons qu'il a aussi deux défauts dont il ne se corrigera jamais : ou il est trop casanier, ou s'il déserte son *home*, c'est pour chercher bien loin des spectacles qu'il trouverait facilement chez lui, spectacles enchanteurs, dont notre pays est si prodigue.

J'avoue qu'il est fort agréable de vivre dans sa coquille, les pieds au feu pendant l'hiver, la tête à l'ombre pendant l'été. Mais il me semble qu'il y a également grand plaisir à secouer sa torpeur et à s'élancer sur les routes en quête de sensations, que seuls les voyages peuvent procurer. Je n'entends pas par voyages ces longues excursions en Suisse, en Italie, ou sur les côtes d'Espagne. Je veux parler des promenades instructives que tout bon Français, sans grandes dépenses, pourrait faire sur le sol qui l'a vu naître et qui constituent une sorte de devoir patriotique. Point est nécessaire de franchir la frontière pour admirer les beautés de la nature et les créations de l'homme. Chez nous, autour de nous, à chaque pas, nos yeux peuvent contempler de sublimes tableaux, de merveilleux horizons, et garder le souvenir d'un art qui s'est perpétué à travers les siècles.

Il y a quelque temps, j'eus l'occasion de faire un court séjour en Touraine. Mon impression fut telle que je désirerais la communiquer à mes lecteurs. Certes, je sais que dans nos régions vendéennes les curiosités naturelles et les beautés historiques ne manquent pas. Je connais des sites grandioses, tels que St-Florent-le-Vieil et Montjean dominant la Loire ; l'antique château de Clisson sur les bords si poétiques de la Sèvre Nantaise ; Tiffauges, sinistre évocation du légendaire Barbe-Bleue ; Mortagne, St-Laurent-sur-Sèvre, avec ses coteaux et ses rochers, Mervent qui rappelle la grotte rustique du bienheureux Montfort, Beaupréau, son château féodal, ses collines, sa rivière de l'Evre ; tant d'autres, comme Maillezaïs, Talmont, Pouzauges, Noirmoutier, etc.., où chaque pierre redit les âges disparus, où la pensée s'égare en des lointains qui sombrent dans l'oubli, époques si différentes de la nôtre et pourtant si captivantes par leurs événements successifs.

Mais l'enthousiasme doit se taire en face des beautés de la Touraine, et, dût mon amour-propre de Vendéen en souffrir, je ne puis hésiter à lui décerner la palme. Que dire de ces merveilles : Amboise, Loches, Chenonceau, Azay-le-Rideau, Chinon, sinon qu'elles semblent être les joyaux d'un écrin dont Tours serait le centre ? De même que Paris, la ville des villes, s'entoure de ces émaux étincelants que sont : Versailles, Compiègne, Saint-Germain, Fontainebleau, Rambouillet.

Est-il nécessaire de quitter le territoire, de déserter le sol français, de courir en pays étranger, lorsque tant de choses ignorées et rares réclament notre attention ? Je dis ignorées avec juste raison, car il en est peu, parmi nous, qui s'identifient à l'histoire du pays. L'histoire ! On ne la connaît généralement point et, remarque bizarre, ce sont surtout les

indigènes, ceux dont la vie s'écoule indifférente au contact des vieilles ruines,
qui ne savent pas le premier mot de
leur origine. Le visiteur est souvent
obligé de se transformer en professeur.
Loin de moi cette prétention, mais il me
sera permis d'écrire ce que j'ai vu et mon
récit, s'il n'est point parfait, sera du
moins sincère. Peut-être instruira-t-il
quelques-uns, et, quand il n'aurait que
ce mérite, je ne regretterais point ma
peine, peine très douce d'ailleurs.

Appelé à Cinais (Indre-et-Loire) pour
remplacer le curé, pélerin de Rome, je
logeai naturellement au presbytère. M
l'abbé Duchesne est un homme jeune, intelligent, très dévoué à cette petite paroisse
de 450 habitants. Prêtre actif, de tempérament artistique, il vit simplement
avec sa vieille gouvernante et aussi avec
un énorme et superbe chien des Pyrénées,
et trois angoras qui répondent aux noms
poétiques de *Zizi*, *Zaza* et *Mistigri*. Ce
sont ses compagnons, des amis fidèles
qui, sans doute, le consolent parfois de
l'indifférence humaine.

Le bon pasteur est parvenu à former
un petit groupe de jeunes gens appartenant à Cinais et à deux paroisses voisines,
groupe interparoissial par conséquent, et

qui possède à la cure un billard et une bibliothèque où ils se réunissent le dimanche. Ils vont à la messe et communient le premier vendredi du mois. Mon hôte est très heureux de ce résultat car, grâce à lui, ces adolescents échappent à l'influence délétère des mauvaises compagnies et de la ville de Chinon, et demeurent de fidèles chrétiens, donnant le bon exemple à Cinais.

En dehors de cette jeunesse, les habitants sont polis, aimables, adonnés à la culture des champs et des vignes et à l'entretien des noyers, mais indifférents en matière religieuse, ce qui fait la désolation de leur zélé pasteur.

Une des principales récoltes de Cinais est celle des noix. Ah ! ces noix ! Quel bon prétexte pour s'éloigner de Dieu et ne par assister à la messe, le dimanche ! J'ai pu en juger puisque j'arrivais juste au moment de la cueillette. Le Chinonais est couvert de vénérables noyers qui fournissent, bon an mal an, plus de 300.000 décalitres de fruits, avec lesquels on fabrique une huile d'un goût peu agréable pour nous, Vendéens, mais très appréciée par les gens du pays.

Un joli clocher se dresse dans les airs protégeant de sa croix la coquette église gothique, toute neuve, dans laquelle repose Celui qui vivifie ces innombrables noyers et assure l'existence de centaines d'individus. Habitants de Cinais, mes amis, permettez à un vieux missionnaire, votre pasteur de quelques jours, de vous dire que vous devriez avoir plus de reconnaissance envers Dieu et le prier plus que vous ne le faites. Vos noix ne s'en porteraient pas plus mal, et vous y gagneriez certainement vous-mêmes.

Cinais est un bourg en longueur, surmonté d'une colline où s'étend un vaste « camp romain ». J'ai trouvé là des excavations naturelles ayant une parfaite analogie avec celles qui existent à Saumur, à Mirebeau-du-Poitou, etc. Ce sont des caves, des servitudes et même des maisons, creusées dans le tuf sous la montagne. La cure n'est point dépourvue de ces annexes perdues à travers le roc calcaire. On m'a montré, entre autres, une salle immense, souterraine où les jeunes gens, l'hiver dernier, ont donné une représentation théâtrale. Elle pourrait servir d'église à l'occasion. Un retrait semble créé pour y former le chœur, et la place de l'autel y est tout indiquée.

En la contemplant, l'esprit songe aux

catacombes et l'on se demande, anxieux, si bientôt nous ne serons pas obligés de célébrer la sainte messe sous des voûtes spacieuses, mais pleines d'ombre angoissante. Qui peut dire si ces sombres murailles, taillées dans le roc par une main puissante, ne retentiront point, un jour, des accents douloureux d'un peuple persécuté ? L'histoire se renouvelle, et la Terreur n'est pas si éloignée qu'elle n'ait laissé des senteurs empoisonnées parmi les héritiers du Jacobinisme.

L'aspect de Cinais, en tant que village, au moment de mon séjour, était plutôt mélancolique. Sur la colline où l'on montre « le camp romain » s'allonge une lande inculte, couverte de bruyères, encombrée d'énormes cailloux, sans chemins bien tracés, à l'exception de deux ou trois sentiers qui traversent le camp.

C'est là qu'on fait remarquer aux visiteurs deux pierres célèbres. L'une est dénommée *Fauteuil de saint Martin* ; l'autre garde l'empreinte du pied du grand thaumaturge. La première, en effet imite assez bien un fauteuil, avec ses bras et son dossier. La légende prétend que le saint s'y asseyait. Comme tout bon visiteur j'ai voulu m'y asseoir à mon tour. La seconde est un bloc de forme grossière sur lequel saint Martin imprima son pied. De fait on y distingue assez facilement la place de l'orteil. En posant le pied dans le creux de cette pierre, j'ai pu constater que le saint avait les extrémités inférieures très développées.

Cette empreinte n'est point, d'ailleurs, la seule qui subsiste en France. M. Louis Duval, archiviste de l'Orne a écrit : « Partout où ont passé les hardis pion- « niers de la civilisation chrétienne et de « la civilisation moderne, ils ont laissé « des traces ineffaçables. D'un bout à « l'autre de la Gaule, des milliers et des « milliers d'églises, de chapelles et « d'oratoires, ont été élevés en mémoire « du grand archevêque de Tours. C'est « ainsi qu'en maints endroits on trouva « des rochers sur lesquels est encore « imprimé le pied du saint ou le sabot « de son cheval ; de là le nom de *Pas* « donné à de nombreuses communes, « tels que le Pas-d'Ambrières, le Pas-en- « Artois (Pas-de-Calais), le Pas-Saint- « Linhomer... »

Je n'ai pas à rappeler ici la vie de saint Martin ; elle est connue de l'univers catholique Nul n'ignore l'épisode du manteau, qui a été tant de fois raconté et que le pinceau a fixé pour toujours sur la toile. Ce que l'on connaît le moins, c'est sa mort, et je crois utile d'en esquisser brièvement les phases. Les lecteurs verront plus loin la différence entre cette fin sublime et celle d'un autre enfant du pays dont j'aurai l'occasion de parler bientôt.

Le grand thaumaturge des Gaules mourut à Candes, humble et gracieuse localité aux bords de la Loire, à dix kilomètres environ de Cinais, sur les confins de la Touraine et de l'Anjou. On visite avec intérêt la superbe église des XIIe et XIIIe siècle, bâtie sur l'emplacement de la chambre où son âme s'envola au ciel en l'an 397. C'est un type du style ogival angevin.

Candes était autrefois un pèlerinage célèbre. Aujourd'hui, les populations de l'Indre-et-Loire et de l'Anjou s'y réunissent le jour de la fête de St. Martin, le 11 novembre, et dans l'Octave. On y assiste à d'importantes manifestations religieuses.

Le vieil évêque déjà parvenu aux limites de l'âge, était couché près d'une fenêtre, jetant un dernier regard sur le ciel de la Touraine et priant, les mains levées. Son corps était étendu sur la cendre et le cilice. Il l'avait voulu ainsi, par un admirable sentiment d'humilité. Les prêtres qui l'entouraient gémissaient près de lui, malgré ses touchantes exhortations. Soudain, il se souleva, fit un geste, et interpellant le démon qui se dressait devant lui, il s'écria : « Que « viens tu faire ici, bête cruelle ? Tu ne « trouveras rien en moi qui t'appar- « tienne. Le sein d'Abrahan s'ouvre « pour me recevoir ! » C'est sur ces su- prêmes paroles que, sans effort, il rendit sa belle âme à Dieu. Il avait quatre- vingt-un ans.

Une foule considérable, venue de Tours et de Poitiers, s'était rendue à Candes pour assister à son trépas. Lors- qu'il ne fut plus, une vive altercation s'éleva entre Poitevins et Tourangeaux pour la revendication de son corps. Or, pendant la nuit, ceux-ci s'emparèrent des précieuses dépouilles, les déposèrent dans une barque, glissèrent sur la Loire, et firent leur entrée à Tours en chantant des psaumes, tandis que les Poitevins étaient livrés au sommeil. Le corps de Saint- Martin fut inhumé dans le cimetière des chrétiens et, sur son tombeau, s'édifia une basilique que les haines religieuses ne surent respecter.

Mais en 1859, l'archevêque, Mgr Guibert, résolut de restaurer ce tombeau et, une année plus tard, eut lieu la bénédiction de l'oratoire bâti au-dessus de de la cave où les fouilles avaient été faites. Ce furent les premières assises de l'église qui se dresse aujourd'hui sous le vocable de Saint Martin de Tours. On en fit l'inauguration le 11 novembre 1890, jour de la fête du bienheureux, et en présence de Mgr Meignan et d'une très nombreuse assistance.

Ainsi Tours glorifie la mémoire d'un de ses plus illustre enfants, et les pauvres n'oublient point celui qui donna jadis à l'un des leurs le pan de son manteau (1).

Revenons à Cinais.

Du camp romain, la vue s'étend sur Chinon, situé à 5 ou 6 kil., et rarement plus merveilleux panorama ne s'est dé-

______

(1) Les communes ou paroisses dédiées à Saint-Martin sont très nombreuses. On en compte 56 dans le seul département de l'Orne. De même pour les chapelles ou oratoires dont le nombre est considérable : 56 à Poitiers, 74 à Evreux, 103 à Coutances, 107 à Bayeux, 112 à Rouen, 158 à Soissons. Pourquoi notre Vendée n'en possède-t-elle qu'une douzaine ?...

roulé à mes regards. Quelle province magique que cette Touraine et qu'elle est bien surnommée le Jardin de la France ! Son charme réside dans la variété et la fraîcheur de ses vallées, de ses vertes prairies, de ses arbres touffus, de ses coteaux chargés de vignobles, de ses blanches maisonnettes, de ses villages où règne l'aisance, de tout cet ensemble véritablement féérique que sillonnent la Loire, le Cher, la Vienne, l'Indre et la Creuse. Cet incomparable paysage s'agrémente encore de seigneuriales demeures bâties sur des monts ardus, des roches élevées, nids d'aigles qui donnent une sensation d'art-historique et en même temps remplissent l'âme d'effroi au souvenir des sanglants combats dont ils furent les témoins.

Chinon, dont je vais parler, est bien là pour ressusciter les grands faits de nos ancêtres et nous apporter, peut-être, un peu de réconfort aux heures difficiles des crises nationales.

Avant de descendre le raide escalier qui suit la colline, je jette un dernier regard au camp et j'éprouve un singulier malaise à voir des étrangers, des Anglais, fureter dans tous les sens, soulever les pierres, examiner le moindre caillou, avec le sans gêne inhérent à la race britannique. C'est ainsi qu'on les reconnaît d'ailleurs. Ah ! ces Anglais ! Voilà des gens envahissants, et qui souvent savent s'instruire en s'amusant ! Quel exemple ! Ils sont tellement blasés sur les beautés de la riche Albion, que le globe terrestre n'est pas assez vaste pour satisfaire leur curiosité...

Mais la mienne l'est, satisfaite, et je rentre au bourg rapidement, afin de préparer ma visite à Chinon, dont les vieilles tours m'attirent, là-bas, dressées sur un fond lumineux, comme un décor de rêve...

II

« .   .   .   .   Chinon,

« Petite ville au grand renom ;
« Bâti sur une roche ancienne,
« En haut le bois, au bas la Vienne. »

(RABELAIS).

Bien que l'auteur de Pantagruel ait popularisé Chinon, la petite ville offre des souvenirs autrement précieux que celui qui s'attache à ce moine paillard, en quête de farces douteuses, et dont la plume ridiculisa les choses les plus sacrées.

Du haut de ses coteaux couverts de ruines, on aperçoit le quai superbe longeant la Vienne. L'œil s'égare en des ruelles étroites, vraies échelles dans une partie de la ville, ou serpentant au bord de la rivière, et s'arrête sur les clochers de Saint-Mexme, de Saint-Etienne et de Saint-Maurice, construits du xie au xv^o siècle.

Un écrivain anglais, ravi de la perspective poétique et variée qui se déroule au-dessous du château de Chinon, disait

qu'en aucun pays du monde il n'avait
rien vu de plus pittoresque, de plus
frais, de plus gracieux que la vallée de
Vienne. Ce témoignage d'un étranger
ne paraîtra pas suspect.

En effet, un des principaux charmes de
Chinon, c'est sa campagne, gaie, riante,
avec ses minuscules collines traversées
par le chemin de fer de Port-Boulet,
avec ses jolis vergers de pêchers et de
pruniers, ses chemins garnis de maisonnettes, ses moulins à vent bizarrement
campés sur des pyramides et dont les
ailes semblent être de grands bras qui
appellent les visiteurs. Mais là n'est
point le Chinon proprement dit. Il est
presque tout entier dans les ruines imposantes dominant la ville et qui furent
le château ou plutôt les châteaux où se
passèrent divers événements historiques
qu'il m'est impossible d'évoquer sans
émotion.

« Trois châteaux, assis au sommet de
« l'éminence présentaient un aspect ma-
« gnifique avec leurs donjons massifs et
« leurs tours élancées. Ils étaient ali-
« gnés et s'unissaient en un long rec-
« tangle, qui ne formait à l'œil qu'une
« masse unique, bien qu'ils fussent sé-
« parés en trois enceintes distinctes par

« des ponts-levis, des douves, des bar-
« rières et des portes fortifiées. Ils re-
« flétaient majestueusement dans les
« eaux de la Vienne leurs nobles cré-
« neaux et leurs toits en poivrières :
« chacun avait un nom particulier.

« A l'une des extrémités, c'était le fort
« Saint-Georges (1) occupé par les trou-
« pes de la garnison, vaste caserne dont
« les cours immenses servaient à l'exé-
« cution des manœuvres militaires, à
« l'autre extrémité, le château du Cou-
« dray muni d'un donjon et de deux
« tours dites, l'une de Boissy et l'autre
« du Moulin à farine.

« Entre les deux, et de plus vastes
« dimensions, s'élevait la résidence
« royale appelée château du Milieu. Là,
« on avait aménagé tout ce qui était
« nécessaire pour la résidence du sou-
« verain : cuisines, tours, sommellerie,
« tables des gens de service, écuries.
« On trouvait dans le même corps de
« bâtiment la grande salle des récep-
« tions royales, et, pour la défense, les
« tours du Coin, des Chiens, du Trésor,
« ainsi que d'autres ouvrages de forti-

(1) Aujourd'hui complétement rasé et couvert de
vignes et de jardins.

« fication ; enfin près de l'entrée qui
« communiquait avec le fort Saint-
« Georges, on apercevait la tour de
« l'Horloge. » (1)

Pendant que mon aimable curé de Cinais visitait la reine de l'Adriatique,
Venise la belle, et qu'il se laissait molle-
ment bercer par les eaux sur une légère
gondole, je gravissais péniblement les
pentes conduisant au château. Mais les
fatigues de cette ascension devaient être
amplement récompensées par la mer-
veilleuse vision d'un passé prodigieux.

Je suis en face de l'antique bastille.
Ses murailles se dressent devant moi
imposantes. Car les débris du vieux
manoir sont encore gigantesques. Quel
effet devait-il produire à l'époque où il
était dans toute sa splendeur ! Je con-
temple avec émotion ces murs crénelés,
ces courtines démantelées, ces tourelles
découronnées qui abritent tant de souvenirs glorieux, ces ruines enfin que le
temps n'a pu niveler. Je les compare aux
ruines morales de notre époque, où
tout sombre sous le flot destructeur de
la libre pensée, ruines de la foi, de la
tradition, du patriotisme, qui s'élèvent

____

(1) *Jeanne d'Arc*, Chanoine Debout t. 1er p. 216.

chaque jour sur le sol gaulois, ce sol encore humide de la sueur de nos ancêtres et du sang de nos martyrs. Je songeais à celle qui vint chercher un roi, dans le château de Chinon, où il s'enfermait avec sa cour, pour le conduire à Reims. Je voulais espérer que peut-être il surgira bientôt une seconde libératrice qui conduira également le peuple français à la conquête de la liberté et de la vérité. Un groupe de visiteurs m'arrachait à moi même et me poussait en quelque sorte vers l'entrée du château. C'étaient des Anglais. Encore? Quelle obsession ! Ces insulaires connaissent mieux la France que les Français !...

Je pénétrai avec eux sous la voûte, où la concierge, au retour, me présenta un registre couvert de signatures, afin d'y apposer la mienne. Deux noms étaient tracés d'une main émue, qui me causèrent un sensible plaisir. Ils n'étaient pas Anglais, ceux-là ! Un peu auparavant, la reine douairière, Marguerite d'Italie, venant de Tours en automobile, visitait Chinon, précédant de quelques jours le grand Duc Alexandre de Russie. Les illustres voyageurs firent l'ascension de de toutes les tours, s'intéressant aux ruines fantastiques qui commandent la vallée, admirant ces débris d'un autre âge et s'en allèrent émerveillés, emportant avec eux le souvenir glorieux d'une monarchie héréditaire.

C'est qu'en effet, le château de Chinon détient dans ses murs l'histoire de la féodalité avec ses beautés et ses fautes. Cette succession de forteresses bâties à des intervalles irréguliers redit assez bien la vie des royaux personnages endormis pour toujours. Le château de Chinon évoque les figures d'Henri II Plantagenet qui soutint le siège de Philippe-Auguste, et dont le corps, après sa mort fut abandonné de ses propres favoris; de Richard Cœur de-Lion, le farouche joûteur; de Jean Sans-Terre; de Saint Louis et de Blanche de Castille. Là aussi, en 1308, fut enfermé Jacques de Molay, grand-maître de l'Ordre des Templiers. Louis XI, Anne de Beaujeu, Henri IV, Marie de Médicis, Richelieu vinrent pareillement résider à Chinon.

Mais aucun personnage ne nous intéresse autant, ne nous remue aussi profondément que Charles VII, victorieux des Anglais par 'a protection d'une humble fille des champs que le Ciel avait choisie pour sauver la France.

C'est là, dans une des salles de ce

Grand-Logis dont il ne reste que des pans de murs et une partie de la vaste cheminée, que Jeanne d'Arc, la bonne Lorraine, vint trouver le roi, triste et découragé. Nul n'ignore cet extraordinaire épisode qui servit de début à la mission de la Pucelle. Elle alla droit au monarque caché parmi ses courtisans, son chaperon à la main, et lui fit, à la distance de quelques pas, les révérences d'usage à la cour.

— Dieu vous donne bonne vie, noble prince ! dit-elle.

— Je ne suis pas le roi, répliqua Charles VII : le roi, le voilà ! Et il montrait le comte de Clermont, bien plus somptueusement vêtu que lui.

— Au nom de Dieu, c'est vous et non un autre, reprit la Libératrice. Le Roi des cieux, lui dit-elle, vous mande par moi que vous serez sacré et couronné en la ville de Reims. et que vous serez ainsi lieutenant du Roi des cieux, qui est vrai roi de France. » Et plus tard, voyant Charles VII irrésolu, elle ajouta:

— Gentil Dauphin, pourquoi ne me croyez-vous pas ? Je vous dis que Dieu a pitié de vous et de votre peuple, tant l'ont prié S. Louis et S. Charlemagne, agenouillés devant lui, et, s'il vous plaît, je vous dirai telle chose qui vous donnera à connaître que vous me devez croire.

Alors, étant seule avec le roi et quelques seigneurs qui se tenaient à l'écart, elle lui révéla un secret que nul autre que lui ne pouvait connaître. Charles, rayonnant, dit sur-le-champ à ses courtisans : « Elle a toute ma confiance. »

Jeanne fut dès lors investie des pouvoirs d'un chef de guerre, eut une maison, un écuyer, deux pages, deux hérauts d'armes et un chapelain. Douze chevaux composaient sa suite. Jeanne reçut des mains du roi une armure complète.

Elle prit l'épée trouvée d'après ses indications, dans l'église de Ste-Catherine-de-Fierbois (1), sur la lame de laquelle cinq croix étaient gravées. (2) S'élançant

(1) A quelques lieues de Chinon. Canton de Sainte-Maure.

(2) Cette épée était celle que Charles Martel déposa, dit-on, dans l'église de Fierbois, après sa victoire sur les Sarrasins. Jeanne d'Arc instruite par ses voix, l'envoya chercher pour s'en servir contre les Anglais. On la trouva rouillée, derrière l'autel, enfouie sous terre. On la frotta, et la rouille tomba aussitôt. Jeanne la glissa dans un fourreau de cuir solide, après avoir refusé celui, plus élégant, que lui offraient les habitants de Tours.

D'après une tradition mentionnée dans un Dictionnaire de Géographie du XVIII° siècle, cette épée aurait appartenu a Charlemagne. Les deux traditions peuvent très bien s'accorder.

sur un grand cheval de bataille, ce fut ainsi qu'elle brandit sa bannière dans la direction d'Orléans, d'où elle allait chasser les Anglais et poursuivre sa divine mission à travers Poitiers, Jargeau, Beaugency, Patay, Reims et Paris. Prisonnière à Compiègne, conduite à Rouen, elle mourut sur un bûcher en jetant au ciel le cri de son âme si pure et si belle : « Jésus ! Jésus ! »

Sous les voûtes de l'immense salle, — longue de quatre-vingt-dix pieds et large de cinquante — je me représente la foule des trois cents chevaliers présents, des courtisans, des hérauts d'armes, tous revêtus d'habits magnifiques, entourant ce roi dépossédé de son trône, que guettait une noire ingratitude, tandis qu'une humble jeune fille s'avance simplement, guidée par la main de Dieu, afin de rendre à la France et son rang et sa splendeur. Cette France ne méritait sans doute pas d'être secourue par la Providence, elle qui mit trop de temps à reconnaître ce qu'elle devait à Jeanne. Car enfin, ce n'est que dans la seconde moitié du xix° siècle que la mémoire de la Pucelle est sortie, radieuse, de la fumée du bûcher de Rouen. Mais depuis cinquante ans, la pierre, le marbre, le bronze, ont reproduit son image à profusion et des monuments lui ont été édifiés. Partout, à Orléans, à Paris, à Reims, à Chinon, à Versailles, elle revit, telle l'incarnation de la foi au milieu des batailles, tel le génie tutélaire d'une nation évidemment chrétienne. Un homme, un seul, s'est à jamais déshonoré en insultant à la gloire de la douce Lorraine. Cet homme, c'est Voltaire. Il a contre lui l'univers entier, car tous les peuples ont exalté Jeanne, tous, jusqu'aux Anglais qui lui rendent hommage.

Et maintenant nous attendons, après les décrets publiés par Léon XIII et Pie X, l'heure bénie où la France pourra la saluer du nom de bienheureuse. Dans cette pieuse attente, les vrais Français demandent au ciel de nous envoyer une nouvelle Jeanne d'Arc, pour libérer le sol d'un ennemi plus redoutable que l'Angleterre : l'athéisme que propage une secte démoniaque, qui combat avec un acharnement haineux, et cause des ravages épouvantables parmi les enfants de Dieu.

Jeanne d'Arc ! Il semble que ce nom s'identifie aux murailles démantelées de de l'antique manoir. Ces donjons, ces salles, ces tours, ces oubliettes, ces escaliers en spirales, ces cours où l'herbe pousse en liberté, ces façades percées de meurtrières et couronnées de machicoulis, ces débris d'une époque à jamais disparue ; tout cela s'efface, s'évanouit devant le souvenir de la Pucelle : visiter Chinon, c'est visiter la grande Libératrice.

Ces vieilles murailles, théâtre de tant de scènes historiques, n'ont cependant jamais vu drame plus effroyable qu'en 1792. époque si tragique en sanguinaires exploits. Un matin de septembre de cette année-là « une colonne de près de « six cents malheureux Vendéens, « royalistes compromis, suspects ou « modérés, hommes, femmes ou enfants, « dirigés de Saumur sur les prisons de « l'intérieur, avait passé la nuit à « Chinon, parquée dans les églises. Au « petit jour, un énergumène de dix-huit « ans, nommé Petit, clubiste de Saumur, « qui commandait l'escorte, fit partir son « convoi en deux colonnes. Comme les « malheureux prisonniers de la deuxième « colonne venant de Saint Mexme, arri- « vaient, attachés deux à deux, dans le « chemin creux serré entre la côte et le « château, il donna tout à coup le signal

« du massacre. Fusillés à bout portant,
« les prisonniers jonchent bientôt le sol
« de leurs cadavres ; quand la fumée se
« dissipe, quand la terrible fusillade
« s'éteint, ce sont de longs cris d'hor-
« reur, et des supplications de blessés
« qui parviennent du champ de carnage
« jusqu'à la ville et la réveillent lugu-
« brement, mais les baïonnettes et les
« sabres achèvent l'œuvre, le silence se
« fait après quelques minutes et les
« assassins, laissant deux-cent-soixante-
« douze victimes sur le chemin, se
« hâtent de rejoindre les prisonniers de
« la première colonne partis en avant,
« qui ont pu entendre le bruit de l'exé-
« cution et continuent terrifiés leur route
« vers l'avenir noir, vers les prisons ou
« les échafauds qui les attendent... » (1)

Et cependant, je dus m'arracher à ces leçons de l'histoire pour visiter la ville, que je n'avais qu'entrevue. Je me rendis donc à l'église Saint-Mexme, qui a cessé d'appartenir au culte depuis 1793, et est aujourd'hui convertie en école communale de garçons. Entre autres curiosités, l'on me montra une fresque bien conservée, copie du *Jugement der-*

(1) Robida. *La Vieille France. La Touraine.*

nier de Michel-Ange. De là, j'allai à Saint-Etienne et à Saint-Maurice.

En sortant de cette dernière église, mon attention fut attirée par une belle maison de style Renaissance, décorée d'une porte au-dessus de laquelle figurent une équerre, un triangle et un compas, avec cette inscription : « *Nullo clauditur honesto* ». « Cette maison n'est fermée à aucun honnête homme. » C'est, impudent défi, la loge maçonnique, située en face de l'église elle-même. Haussant les épaules de pitié, je poursuis mon chemin à travers les rues.

Je jette un rapide coup d'œil sur le *Musée des amis du vieux Chinon*, déjà fort intéressant, bien que la fondation ne date que de six mois seulement. A l'angle d'une rue, je m'arrête devant une haute et curieuse sculpture en bois représentant la *Lapidation de Saint-Etienne*, malheureusement mutilée par le temps ou les révolutions.

Nulle part, je crois, petite ville ou même grande cité ne pourrait montrer aux visiteurs autant de vieilles et curieuses maisons, en pierre pour la plupart. Quelques-unes sont en bois. Aux environs de l'église Saint-Maurice notamment, une rue entière est bordée des deux côtés de ces maisons Renaissance que les habitants conservent avec un soin jaloux. Ces charmants édifices sont artistement entretenus et donnent à la ville un cachet tout spécial. Une telle particularité à elle seule vaut le voyage de Chinon.

Mais ce que je cherchais aussi, on le devine, c'était l'habitation de maître François Rabelais, que Chinon revendique comme un de ses enfants, bien qu'en réalité il soit né à la Devinière, paroisse de Seuilly, en l'année 1483.

On me fit voir, à côté d'un marchand de poissons, une maison dont il ne reste aucun vestige. Sur le mur est scellée une plaque en marbre noir, avec cette inscription en lettres dorées : « *Ici s'élevait au XVI° siècle la maison de Rabelais* ». A quelques pas plus loin me fut indiquée une autre maison où habita, dit-on, le célèbre écrivain. Toutes deux sont dans la rue de la Lamproie, un nom bien moyennageux.

Maître François, personne ne l'ignore, a légué à la postérité une réputation d'homme de génie, mais d'un génie bouffon et licencieux auquel s'ajoutent le doute et l'ironie. Il commença ses études chez les Bénédictins de Seuilly, séjourna chez les Cordeliers de la Baumette, près

Angers, puis entra dans leur couvent de Fontenay-le-Comte, où il passa quinze ans. En 1511, il fut ordonné prêtre. Il se livrait, malgré l'esprit de son ordre et l'interdiction de ses supérieurs à l'étude des sciences naturelles et des langues anciennes (y compris le grec et l'hébreu). En 1523, il dut s'enfuir, mais grâce à son amitié avec Geoffroy III d'Estissac (1) évêque de Maillezais (Vendée) il obtint son pardon et entra dans l'Ordre des Bénédictins dans le monastère dudit Maillezais (2). Il y fit profession de la vie religieuse. Las d'attendre un bénéfice, il alla étudier la médecine à Montpellier (1530), à Lyon (1532). Il est nommé médecin en chef de l'hôpital du Pont-du-Rhône, professeur d'anatomie et fait paraître des ouvrages de médecine et d'érudition.

(1) Rabelais était fort lié avec Geoffroy d'Estissac, avec lequel il entretenait une correspondance assez suivie, lui procurant d'Italie des plantes inconnues dans nos contrées et les graines les plus rares pour les jardins épiscopaux de Ligugé et de l'Hermenault.

(2) L'abbaye S. Pierre de Maillezais un des plus puissants établissements monastiques de la Vendée, dès le commencement du XIIe siècle, a compté parmi ses religieux, outre le fameux Rabelais, plusieurs personnages célèbres : Pierre de Maillezais, Goderan, plus tard évêque de Saintes, trois ducs d'Aquitaine, dont elle conserva les dépouilles mortelles.

Notre homme était protégé par le cardinal du Bellay qui l'emmena à Rome en qualité de médecin et de secrétaire, lors de son ambassade auprès de Paul III. Le Pape lui donna une bulle lui permettant d'exercer la médecine et l'absolvant de ses infractions à la discipline conventuelle. Rabelais, dit-on, désopila tout le Sacré Collège, le Souverain Pontife en rit même sur son trône. Mais la plaisanterie ayant dépassé les bornes, il fallut revenir en hâte et sans argent.

C'est ici que se place le fameux *quart-d'heure de Rabelais*, mis en pratique par tant de gens. Maître François, passant près de Lyon, se trouva retenu dans une auberge, faute de ne pouvoir payer sa dépense. Il eut l'idée, pour se tirer d'affaire, de déposer en des endroits apparents de sa chambre, trois petits paquets sur lesquels il avait écrit : « Poison pour le roi, poison pour la reine, poison pour le dauphin. » On l'arrêta et on le conduisit à Paris aux frais de M. le lieutenant-criminel. Là, le roi François Ier congédia les Lyonnais ébahis et retint à souper le héros de cette plaisante mystification.

Le Cardinal du Bellay fit obtenir à son protégé la cure de Meudon. Dans cet asile accordé à sa vie vagabonde, Rabelais écrivit son *Gargantua* et son *Pantagruel*, immense satire des mœurs de l'époque où les personnages sont ce qu'on appelle des personnages à *clés*, satire dans laquelle le sarcasme le dispute à la plus folle gaieté, mais que souille malheureusement l'ordure. Cette œuvre d'un bout à l'autre respire l'obscénité voulue, et n'est qu'un monstrueux assemblage de fine morale et de sale corruption.

Rabelais est rangé parmi les classiques. Aussi n'y a-t-il guère que les lettrés qui le lisent. Le peuple l'ignore fort heureusement. Ce moine apostat qui a tant fait pour la langue française, est mort comme il avait vécu, en sceptique débraillé. Certains historiens prétendent même que sa fin fut celle d'un impie, mais rien n'est moins prouvé. Ces paroles qu'on lui prête avant de rendre le dernier soupir : « *Je m'en vais chercher un grand peut-être ; tirez le rideau, la farce est jouée* », sont loin d'être historiques. Pour ma part, je soupçonne fort ce bouffon de s'être exprimé de la sorte.

Dans tous les cas, quelle différence entre ces deux enfants de la Touraine, St-Martin et Rabelais ! L'un mourait en disant : « Je m'en vais dans le sein d'Abraham » ; et l'autre rendait son âme en narguant son Dieu !...

Ce prêtre — il le fut si peu ! — a laissé des disciples ou plutôt des imitateurs qui, selon le mot de Jules Janin, ressemblent à Rabelais, mais à Rabelais, buveur d'eau. Son principal mérite est d'avoir réformé la langue, si l'on peut appeler ainsi cette langue spéciale qui se parlait à la fin du xve siècle, et d'en avoir fait jaillir les premières étincelles qui devaient, plus tard, enflammer la verve de tant de littérateurs.

J'eus la curiosité de visiter sa maison natale à la Devinière, commune de Seuilly, à 1.500 mètres environ de la cure de Cinais. Cette maison appartient précisément à un paroissien de Cinais. Celui-ci voulut me conduire lui-même et me donner les explications nécessaires. De nouveau, je lui adresse l'expression de ma gratitude. (1)

L'habitation est bien conservée, mais n'a rien de très remarquable. La chambre où naquit Rabelais est en haut, et ou y accède par un escalier étayé sur

____

(1) Je remercie pareillement M. Richard, le secrétaire de la mairie de Seuilly. Il m'a prêté en effet livres et journaux sur Chinon et Rabelais.

deux colonnes de pierre blanche. Elle possède encore les portes de l'époque, et comme au château de Chinon, des fenêtres avec sièges en pierre du pays, d'où l'on a une très belle vue sur la campagne. Au fond de la chambre, une de ces vastes cheminées toujours curieuses à voir.

Adjacente au logis de maître François, une vaste fuie (1) qui le masque un peu avec sa lourde maçonnerie. Un souterrain fait communiquer ce logis, dit-on, à Chinon.

Le père de Rabelais, d'après l'opinion commune, exerçait à Chinon la profession d'apothicaire, d'aubergiste, disent quelques auteurs. Le triste curé de Meudon, revêtu de sa robe sacerdotale, a une statue en bronze sur le quai de la Vienne (2). La famille de Rabelais se trouve probablement éteinte aujourd'hui.

(1) La *fuie* était le colombier, privilège féodal, également accordé aux abbayes. Cette prérogative des terres seigneuriales était la marque distinctive du fief. Le seigneur ne pouvait jouir de ce droit de *fuie* qu'à la condition de posséder en toute propriété, en plus du fief, 100 arpents de terres labourables autour de son pigeonnier. Le droit de *fuie* et de colombier fut un de ceux dont on prononça l'abolition dans la nuit du 4 août 1789.

(2) La ville de Tours a également élevé une statue à Rabelais.

Plusieurs parents de l'écrivain embrassèrent la religion protestante, et s'exilèrent au xvie siècle, afin de garder leur liberté.

A la Devinière, je rencontrai quelques touristes, et, parmi eux d'inévitables Anglais. Je les laissai volontiers en contemplation devant la demeure du pornographe, comme on dirait de nos jours, et m'empressai de retourner à Cinais, ayant les yeux fixés sur ces trois grandes figures dont s'enorgueillit ce coin de Touraine, bien que d'une façon différente : *Saint-Martin, Jeanne-d'Arc, Rabelais*. Je songeais à l'œuvre accomplie par chacun sur cette terre et me disais que le saint thaumaturge et la vaillante Lorraine faisaient heureusement oublier l'écrivain licencieux, si peu connu même de ses compatriotes ; tant il est vrai quela puissance de Dieu domine toutes choses...

La fin de mon séjour à Cinais approchait. Je ne voulus point quitter le presbytère avant d'avoir excursionné une dernière fois dans les environs. C'est ce qui m'a permis d'étudier certains monuments, sites et châteaux dont je vais retracer les lignes principales.

A deux kilomètres de Chinon, le prieuré de Saint-Louan, datant du xvie siècle, et dont il ne reste qu'une petite crypte remontant au xie siècle. Dans cette crypte furent découverts les tombeaux des saintes Lachie et Salique et des saints Louan et Coremar. On transporta ces tombeaux dans la chapelle des Dames Augustines, propriétaires actuelles du prieuré. Ils se signalent à l'attention des archéologues en même temps qu'à la vénération des fidèles.

Plus loin, Richelieu, petite ville sur le Mable, fondée par le célèbre cardinal. De son château, il ne subsiste qu'une partie des bâtiments latéraux restaurés, les fossés et le parc. Une seule rue, la principale, a été achevée. Elle est bordée

de lourds hôtels, hauts et solennels,
créés tout exprès pour les courtisans du
ministre. Aujourd'hui, ils ne s'accom-
modent guère avec la vie étriquée et mes-
quine de leurs locataires.

Le plan de la ville, selon son auteur,
comportait 600 mètres de long sur 400
de large. C'était modeste. Mais l'illustre
homme d'Etat ne put, néanmoins, ache-
ver son œuvre , qui s'éteignit avec lui.

« Des monuments dont il voulait
« orner sa ville, dit M. Ardouin-Duma-
« zet dans son *Voyage en France*, il ne
« reste qu'une curieuse halle et l'église,
« le type le plus pur du style Jésuite ;
« elle ne manque pas d'harmonie et de
« grandeur. Quant au château, il a été
« détruit par la bande noire, subissant
« ainsi le sort de la belle demeure voi-
« sine, Champigny-sur-Veude que fit
« raser le cardinal pour assurer à
« Richelieu le premier rang dans la
« province. » (1)

Cet homme, arrivé au pouvoir fut,
tout à la fois, ministre, prêtre, guerrier,
législateur, financier. Il avait conçu trois
grandes entreprises qu'il ne perdit jamais de vue : détruire la puissance poli-

_____

(1) C'est Richelieu aussi qui commanda la des-
truction du château de Chinon.

tique du protestantisme, abattre l'orgueil
et l'esprit factieux de la noblesse, et
abaisser la maison d'Autriche. Je ne dois
ici ni l'accuser ni le défendre, et il ne
m'appartient pas de juger sa politique et
d'apprécier les motifs qui le firent agir.

Ah ! si dans les temps actuels, nous
avions la main ferme d'un Richelieu
pour guider la France, nous n'aurions
pas à craindre de tomber dans l'abîme
qui s'ouvre devant nous.

Mais ce n'est point le Richelieu du
Louvre, le puissant ministre de Louis
XIII, dont je veux rappeler le souvenir.
Non ! J'aime à évoquer celui de Richelieu de Luçon, du Richelieu évêque,
alors qu'il reçut la mitre et la crosse des
mains de Paul V, à Rome, le 17 avril
1607, à un âge où l'Eglise ne permet
que par exception de se faire ordonner
prêtre. Né à Paris, le 9 septembre 1585,
il n'avait guère que vingt-deux ans.
C'est un témoignage de gratitude que
moi, prêtre et Vendéen, j'adresse à la
mémoire de l'illustre prélat. Car alors
l'intrigue lui était inconnue et la politique ne lui avait point encore fait
commettre de fautes.

Richelieu restaura notre cathédrale,
rebâtit le palais épiscopal, fonda un sé-

minaire et plusieurs comnunautés religieuses, évangélisa les populations, et fit
du diocèse de Luçon l'un des mieux
administrés de France. Il sut rédiger des
ordonnances très sages contre les abus,
se dévoua à l'instruction du peuple, à
l'abolition des superstitions si fréquentes
dans les campagnes Ce fut un autoritaire, mais un autoritaire, ayant une
profonde connaissance du cœur humain,
qui marchait hardiment sur la route du
bien. A Luçon, où il resta seize ans, le
jeune prélat séduisait tout le monde par
les charmes de sa jeunesse même, par
la vivacité et les grâces de son esprit.
Plus tard, devenu premier ministre du
royaume, l'Eminence rouge, comme
d'aucuns le nomment, il n'oublia jamais
le diocèse de Luçon auquel il avait con-
sacré tout son zèle.

En parcourant les rues de la petite ville
qu'il a fondée, je pensais ainsi à cet
homme extraordinaire dont le nom se
transmettra de siècle en siècle. Ce nom
s'ajoutait à ceux de Saint-Martin, de
Jeanne d'Arc et de Rabelais. Voici qua-
tre illustres personnages que la France
salue avec une admiration mêlée d'orgueil, quoique leurs titres diffèrent les
uns des autres. Mais ce sont encore les

doux traits de la vierge de Domrémy qui planent au-dessus de tout, avec leur auréole de simplicité et de bravoure, avec la palme du martyre accordée par la divine Providence à sa jeunesse et à sa foi. Et, de Richelieu mes regards se reportaient sur Chinon avec une émotion sans pareille, car, si le cardinal fut un peu vendéen, si Saint-Martin fut tourangeau, Jeanne d'Arc, est demeurée française ; c'est dire qu'elle appartient à tous et que la nation tout entière l'acclame !...

Je quittai Cinais. Encore quelques visites, en cours de route, et j'allais rentrer bientôt à Beaupréau, dans ma chère Vendée, conservant le souvenir des beautés de la Touraine.

Ma première halte fut pour le château d'Ussé, appuyé aux flancs d'un coteau boisé, offrant de vastes terrasses qui surplombent un jardin merveilleux. Le parc, de plus de deux cents hectares, avec des étangs, des futaies, des taillis, s'étend jusqu'à la forêt de Chinon. Le château, d'aspect grandiose, est une substruction hardie de donjons, de tours, de tourelles, de clochetons, de pavillons de toutes formes, reliés par un corps de logis. L'ensemble produit un effet des plus pittoresques. A l'intérieur, on y admire le bel escalier en pierre qu'orne un tableau de saint Jean, attribué à Michel Ange.

Voici Azay-le-Rideau avec son château, joli bijou de l'art de la Renaissance que les connaisseurs placent au-dessus des œuvres les plus estimées, à cause de la pureté, de la finesse et de l'originalité des sculptures. Entouré par les eaux de l'Indre, ce château récemment restauré est bâti sur pilotis. Sa façade principale d'une ornementation très curieuse, est de toute beauté. A l'intérieur, on a conservé la plus grande partie des dispositions primitives, notamment un riche escalier et une vaste salle de réception dont la cheminée est magnifique. Construit par Gilles Berthelot, qui fut trésorier des finances sous François 1er, il eut pour premier propriétaire Guy de Saint-Gélais, et appartenait depuis plus d'un siècle à la famille de Biencourt, lorsque l'Etat l'acheta l'an dernier.

Au château d'Azay-le-Rideau, François 1er avait fait sculpter son emblème, la *Salamandre au milieu des flammes* avec la devise nutrisco et extinguo. La tradition rapporte qu'il y résida avec sa cour pendant quelque temps.

Ce château est destiné prochainement à abriter un musée de la Renaissance. Jamais peut-être des collections n'auront été exposées dans un cadre aussi propre à faire ressortir leur valeur historique.

Cette année, le président de la République hésitait entre Azay et Rambouillet. Mais comme le premier n'était point suffisamment meublé, ce fut le second qu'il choisit pour y villégiaturer.

Tout en cheminant, j'arrivai à Langeais, sur la rive droite de la Loire, où le fleuve décrit une courbe majestueuse. La ville étale ses rues proprettes au pied du château, spécimen très rare de l'architecture militaire du XVe siècle. Cette résidence somptueuse, défendue par un pont-levis, des tourelles à pans coupés, un chemin de ronde, des créneaux, de hautes murailles, frappe l'esprit du visiteur par son formidable et sévère aspect. C'est à Langeais que fut célébré le mariage de Charles VIII avec Anne de Bretagne. Une salle spéciale porte le nom de cette reine de France. Le parc, dont une des allées domine la Loire, offre des points de vue féériques sur la vallée.

De château en château (1), la route se poursuit au milieu d'un spectacle enchanteur. Il me faudrait des pages entières pour énumérer tous les souvenirs que j'emportais de cette terre justement appelée, je l'ai déjà dit, le *Jardin de la France*.

Et voici Tours, la capitale aux antiques monuments, la ville évoquant l'ombre de Louis XI et de son bras droit, Tristan l'Hermite, bâtie entre deux rubans d'argent qui courent aux pieds des coteaux ornés de villas et de châteaux. Tours, la cité aux maisons blanches recouverte de toits d'ardoise, aux percées simples et harmonieuses d'où émergent des clochers et des flèches, et que domine la cathédrale de Saint-Gatien (2), admirable conception gothique, richement sculptée avec ses tours jumelles auxquelles « il ne manque qu'un écrin » selon l'expression, d'Henri IV. »

(1) Nos rois aimaient à vivre dans les brillantes demeures qu'ils avaient fait construire ou restaurer à Loches à Chinon, à Plessis-les-Tours, à Amboise et à Chenonceau. La Touraine paraissait alors le centre de notre vie nationale.

(2) Construite de 1175 à 1547. Les tours ont 70 mètres de hauteur. Magnifiques verrières, chœur splendide, tombeau en marbre blanc des enfants de Charles VIII.

Dans la Touraine, l'esprit, les mœurs, le caractère, tout en général y porte l'empreinte douce et molle du climat. Les habitants sont aimables, hospitaliers, parlant le pur français (1). A les voir, je songeais malgré moi aux indigènes d'une localité voisine de Cinais : *Le Véron*. On croit qu'ils descendent des Sarrasins battus par Charles-Martel. De fait, ils ont un type particulier. Il ne ressemble point à celui des pays environnants C'est une race à part et, depuis deux ou trois siècles, le sang s'est un peu mêlé au sang des étrangers. En Vendée, on a souvent fait une remarque semblable pour les habitants des Sables-d'Olonne. Les Sablais prétendent, à leur tour, descendre des Basques d'Espagne. A bien les étudier, il est certain que leurs traits ont quelque chose de la race espagnole, ce qui leur enlève tout caractère de vulgarité.

On eût dit que je pensais à la Vendée parceque je m'en rapprochais.

En effet, le train qui m'emportait sor-

(1) La Touraine est, avec le Blésois, le pays de France où la langue est parlée avec la plus de pureté et avec le moins d'accent, résultat du long séjour de la cour en ces pays, aux xve et xvie siècles.

tait des plaines ombreuses de la Touraine,en lançant dans les airs un cri dé-
chirant, comme s'il eût clamé ses regrets
aux échos d'alentour. Ah ! certes, on est
en droit de regretter toutes ces splen-
deurs accumulées par les temps, créées
par Dieu, ou construites par l'homme.
Je voudrais séjourner davantage en
cette charmante contrée,voir sans cesse,
revoir encore,afin de mieux me pénétrer
de la toute puissance de Dieu et de l'é-
nergie déployée par nos glorieux ancêtres.

Et pourtant, dit un des meilleurs écri-
vains et un des plus savants archéologues de la Touraine : « Jadis on atten-
« dait avec patience ; aujourd'hui on
« trouve les heures trop longues, on
« compte par minutes. Apercevez-vous,
« sur les rives de la Loire, à travers les
« touffes de peupliers, un panache de
« vapeur blanchâtre, semblable à un
« léger nuage, courant avec la rapidité
« de l'éclair ? C'est la locomotive du
« chemin de fer,avec ses bruits stridents
« et ses grondements sourds, entraînant
« sur la voie ferrée voyageurs et mar-
« chandises comme dans un tourbillon
« d'orage. Tel est l'instrument et le
« symbole de l'agitation des temps

« présents. Les vieux chariots gaulois,
« les chars romains, les voitures rapides
« que dans notre enfance nous enten-
« dions appeler *diligences* à cause de la
« vitesse inouïe qu'elles donnaient aux
« voyages, les pittoresques bateaux de
« la Loire, qui transportaient d'Orléans
« à Tours en trois longues journées
« ceux qui maintenant font le même
« trajet en moins de trois heures devaient
« promptement disparaître. *Avec plus*
« *de rapidité peut-être encore, hélas !*
« *ont disparu les beaux souvenirs qui*
« *se rattachent à ces riches coteaux, à*
« *ces riantes campagnes, à ces vieux*
« *manoirs ! Combien parmi les habi*
« *tants du pays pensent aux événe-*
« *ments dont ces lieux furent le*
« *théâtre ! Combien parmi ces voya-*
« *geurs pressés traversant notre pro-*
« *vince à la hâte, en est-il qui jettent*
« *un regard curieux vers tant de nobles*
« *châteaux d'Indre-et-Loire ?* »(1)

J'emportais la vision de ce coin de
Touraine, enguirlandée de castels campés
sur de riants coteaux qu'arrose le grand
fleuve aux vastes méandres, de ruines
féodales sur lesquelles veillent des ombres

(1) Bourassé. *Les châteaux historiques de France,*
p. 342.

royales, de donjons historiques qui nous reportent aux époques des tournois, pleines de chocs d'aciers et de coups d'arquebuse, de fanfares éclatantes et de chansons d'archers, où les rires des nobles dames montaient joyeusement au ciel dans le fracas des chevauchées folles, où tout n'était que fêtes et combats, prouesses et festins ; et sur toutes ces choses, aujourd'hui tombait l'éternel silence ..

Remerciant les aimables guides qui avaient dirigé ma promenade dans cette région si intéressante, j'éprouvais une certaine jalousie en comparant ma belle et poétique Vendée à la riche et pitto-resque contrée que je venais de quitter. Mais la Touraine et la Vendée sont sœurs, comme la Bretagne et la Normandie, la Gascogne et la Provence, et toutes sont filles de la même Mère, ô France chérie, ô Patrie bien-aimée, généreuse dispen-satrice des plus pures merveilles...

www.ingramcontent.com/pod-product-compliance
Lightning Source LLC
LaVergne TN
LVHW010330030726
842520LV00004B/1371